I0115985

EN VENTE

Chez tous les Libraires du Département
et chez les Marchands de Journaux

LA

RÉFORME DE LA CONSTITUTION

PAR

LÉOPOLD GAULET

Prix : 15 Centimes

CHATEAU-THIERRY

IMPRIMERIE DE LA SOCIÉTÉ ANONYME

L'Echo Républicain de l'Aisne

—

1888

AVIS AU LECTEUR

———

Tous les citoyens étant appelés dans notre pays à s'occuper des questions politique, administrative, économique et sociale, il m'a paru utile à la veille de la revision de notre Constitution de soumettre à mes concitoyens un projet de réformes constitutionnelles.

Si mes lecteurs estiment que les réformes, que je réclame dans l'intérêt de la démocratie, répondent à leurs sentiments, qu'ils n'hésitent pas à me le dire et nous aviserons ensemble aux moyens de les faire prévaloir.

Nous rencontrerons sur notre route bien des obstacles, mais nous saurons les surmonter en puisant notre force dans l'amour de la liberté et le désir d'être utile à la démocratie et à la Patrie.

L. G.

LA

RÉFORME DE LA CONSTITUTION

La Constitution de 1875 attaquée tour à tour par les républicains, les bonapartistes, les monarchistes et les boulangistes est impuissante à calmer la tempête de mécontentements déchaînée contre elle.

Nous allons donc prochainement voir le Sénat et la Chambre des Députés, décider la revision de la Constitution.

Mais qui revisera la Constitution ?

Et dans quel sens la revisera-t-on ?

Voilà deux questions qui se posent et qu'il importe de résoudre avant la réunion du Congrès.

§ 1er — Du mode de Revision

Les docteurs en droit constitutionnel ne manqueront pas de dire que la revision doit être l'œuvre du Congrès, l'article 8 de la loi constitutionnelle portant que les Chambres se réuniront en Assemblée nationale pour procéder à la revision.

Il faut reconnaître que le texte de loi est formel mais, sans rechercher si la Constitution a été faite par une Assemblée ayant pouvoir ou non à cet effet n'est-il pas permis de soutenir que si le Congrès a le droit pour lui il a le devoir d'abandonner la prérogative qui lui est conférée.

Est-il possible en effet que le Congrès puisse juger avec impartialité et indépendance les questions qui lui seront soumises en ce qui concerne notamment les modifications à apporter au mode d'élection des sénateurs ou à la suppression même du Sénat, alors que trois cents membres du Congrès sont sénateurs ?

Est-il convenable que le Congrès encourre le reproche d'avoir été juge et partie dans sa propre cause ?

Est-il admissible que la revision soit faite de manière à laisser subsister contre la Constitution les critiques et les attaques dont elle est actuellement l'objet ?

Non, cette situation ne doit pas se produire et pour l'éviter il faut, dans l'intérêt de la France, que la question constitutionnelle soit définitivement et franchement tranchée et pour cela, le moyen à employer est des plus simples !

Il suffit de faire appel au pays.

Si l'on veut sincèrement que le pays se gouverne lui-même, comme le réclamait si justement l'opposition républicaine sous le second empire, il ne faut pas hésiter à laisser le pays user du droit le plus sacré qu'il doit posséder, de disposer de sa destinée.

Que le Congrès s'inspirant de sa dignité, plaçant l'intérêt de la France au-dessus des intérêts de parti, décide que la Constitution sera revisée par le pays.

Qu'il suive l'exemple de la grande République américaine et décrète la nomination d'une Assemblée nationale ayant mission d'élaborer un projet de Constitution et de le soumettre à la sanction du pays et la question constitutionnelle sera une bonne fois souverainement tranchée.

Étant admis qu'une Assemblée nationale sera chargée d'établir un projet de Constitution, la question qui se pose est celle-ci :

Comment sera élue cette Assemblée nationale et qui pourra en faire partie ?

L'Assemblée nationale devra être nommée par le suffrage universel.

Un travail constitutionnel demande pour être bien fait non seulement la connaissance de l'esprit des populations et de leurs besoins, mais encore l'expérience que donne la pratique des affaires, l'étude des usages et des lois du pays.

Ces aptitudes toutes spéciales se rencontrent rarement dans les grandes assemblées qui renferment généralement plus d'idéologues que de gens pratiques, aussi ferons-nous bien d'imiter l'exemple des États-Unis où les Assemblées appelées à reviser la Constitution se composent d'un nombre restreint de représentants.

Le Président de la République, les Sénateurs et les Députés actuels devant continuer l'exercice de leur mandat jusqu'au vote de la nouvelle Constitution, aucun d'eux ne devra faire partie de l'Assemblée nationale de même qu'aucun fonctionnaire de l'ordre administratif ou judiciaire ne pourra être élu représentant à moins qu'il ne donne préalablement la démission de ses fonctions.

Ces conditions d'inéligibilité sont en effet indispensables pour assurer à l'Assemblée nationale son indépendance absolue et lui permettre de trancher avec impartialité toutes les questions qu'elle aura à examiner.

L'Assemblée nationale ainsi nommée, n'ayant d'autre pouvoir que celui de préparer la Constitution, exercera son mandat jusqu'au jour où la Constitution élaborée par elle aura été adoptée par le suffrage universel et sera devenue ainsi le pacte fondamental de toutes nos institutions gouvernementales, législatives et judiciaires.

§ 2me — Objet de la Revision

Réformes à apporter aux lois constitutionnelles existantes

Depuis la Révolution, la France cherche toujours sa voie.

Tandis que les uns soutiennent que la République est

le gouvernement le plus apte à répondre à nos aspirations, d'autres ne voient le moyen de nous satisfaire que dans le rétablissement de la Monarchie ou de l'Empire.

Républicains, monarchistes et impérialistes semblent oublier également que les diverses formes de gouvernement dont ils désirent nous gratifier, en nous laissant l'embarras du choix, ont été livrées à notre expérience sans avoir eu le don de nous satisfaire.

Ce n'est pas, par conséquent, dans un changement de forme ou d'étiquette gouvernementale qu'il faut chercher le remède au mal dont nous souffrons.

Ce sont les moyens employés pour nous gouverner qui sont défectueux et c'est à leur modification qu'il faut demander la cessation de l'état anormal dans lequel nous sommes placés.

En centralisant dans les mêmes mains les pouvoirs législatifs, administratifs et politiques, les divers régimes qui se sont succédé en France depuis un siècle ont privé le pays de la faculté de se gouverner lui-même.

En empêchant le libre exercice de nos actions, en les soumettant au contrôle ou à l'autorisation des Chambres, des Administrations, des Ministres ou du Chef de l'État, le système de centralisation que nous subissons a laissé subsister dans l'esprit des individus comme dans celui des communes et des départements, cette fausse croyance : que l'État peut tout, que c'est lui le grand dispensateur de la fortune, de la prospérité agricole, industrielle et commerciale aussi bien que des places et des honneurs.

La centralisation soigneusement entretenue par tous les adulateurs du peuple est l'obstacle qu'il faut détruire si nous voulons avoir un gouvernement vraiment démocratique.

Ce n'est pas en effet de l'État mais du peuple que tout provient dans une démocratie ; c'est à leur libre initiative, à leurs ressources intellectuelles et morales que les peuples comme les individus doivent demander la correction des imperfections dont ils souffrent.

En comprimant ses désirs, en entravant ses volontés

à l'aide de formalités sans nombre on paralyse le développement de la vie d'un peuple.

C'est en donnant le libre essor à toutes ses facultés qu'un peuple s'initie à la pratique de la vie sociale.

Facilitons aux citoyens comme aux communes et aux départements les moyens d'administrer eux-mêmes leurs affaires en pleine liberté et nous verrons se produire une émulation dont les résultats seront heureux pour le pays, car tous, suivant la loi du progrès, rivaliseront pacifiquement en travaillant à l'agrandissement et au perfectionnement des entreprises agricoles, industrielles et commerciales et au développement des sciences et des arts.

Dotons donc notre pays d'institutions vraiment libérales et compatibles avec les sentiments démocratiques qui l'animent et nous verrons cesser, avec les causes qui les produisent, les effets de nos divisions et de notre affaiblissement, car nous n'attendrons que de l'expérience et du libre examen la solution des questions qui se présenteront.

Dans ce but il nous faut :

Une autorité suffisamment forte et indépendante pour imposer le respect des lois et assurer leur exécution.

Les moyens pour les intérêts généraux et particuliers de se faire représenter et écouter efficacement.

Nous pouvons assurer à notre pays les bienfaits d'une sage autorité et d'une représentation efficace ainsi que je vais l'expliquer :

Du Pouvoir Exécutif

Dans un État démocratique, les pouvoirs exécutif et législatif appartiennent au peuple, mais ces deux pouvoirs différant essentiellement, il importe de les délimiter avec précision afin d'éviter tout conflit et d'assurer leur indépendance.

En remettant au Congrès le soin de nommer le Président de la République, la Constitution de 1875 a méconnu le principe de l'indépendance des pouvoirs.

Nous voyons en effet le Président de la République s'abstenir de parler et d'agir par crainte de déplaire à la majorité législative, de telle sorte que nous n'avons plus qu'une seule puissance absorbant tout à la fois l'exécutif et le législatif.

La confusion de ces deux pouvoirs déplaçant la responsabilité présidentielle a permis au ministère Ferry d'entreprendre l'expédition du Tonkin et d'échapper à la responsabilité qu'il avait encourue en violant la loi constitutionnelle interdisant toute déclaration de guerre sans l'assentiment préalable des deux Chambres.

C'est à cette confusion de pouvoirs que la France doit d'être livrée aujourd'hui aux caprices d'une majorité de hasard et qu'elle perd sa confiance en elle-même et voit s'affaiblir chaque jour sa fortune, avec ses forces et son prestige.

Pour empêcher cette confusion de pouvoirs dont les conséquences sautent aux yeux des moins clairvoyants il nous faudrait :

Une Constitution qui, tout en garantissant à tous les citoyens les libertés conquises en 1789 établisse une autorité ferme et équitable, n'ayant d'autre guide que la loi et d'autre but que la mission de la faire respecter.

Le droit pour le suffrage universel de nommer le Président de la République, afin d'assurer au premier fonctionnaire du pays l'indépendance qui lui est indispensable pour faire observer la loi par les députés aussi bien que par tous les citoyens.

Le Président de la République devra pouvoir choisir ses Ministres comme il l'entendra, soit dans le sein, soit en dehors du Parlement.

Les Ministres seront responsables de leurs actes à l'égard du Président de la République, comme ce dernier sera responsable de sa gestion devant le pays.

La Chambre des Députés sera ainsi privée du moyen de renverser les ministères sous un prétexte le plus souvent futile ; la bonne marche des affaires sera assurée et

l'esprit de suite qui fait maintenant complètement défaut pour leur direction, leur sera rendu.

L'irresponsabilité ministérielle devant la Chambre
n'enlèvera cependant pas au Parlement le droit d'inter-
peller les Ministres sur la marche et la direction des affaires du pays, mais l'exercice de ce droit devra être
réglementé de façon à éviter toute perte de temps et
toute discussion oiseuse.

L'irresponsabilité du Président de la République devant la Chambre ne privera pas non plus celle-ci du droit
de traduire devant un grand jury national le Chef du
Pouvoir Exécutif s'il s'écartait des devoirs que la Constitution lui imposera.

Le Président de la République ayant des attributions
bien délimitées et tenant son mandat du suffrage universel, pourra exercer ses pouvoirs dans la plénitude de
sa liberté en inspirant le respect que tout citoyen doit à
la volonté nationale souverainement exprimée.

Du Sénat

Le Sénat que la Constitution de 1875 a créé est par son
origine, son mode de recrutement et par les influences
qu'il subit, placé dans l'impossibilité de résister aux désirs de la Chambre ; sa suppression ne pourrait donc
avoir aucune conséquence fâcheuse pour nos intérêts.

Mais comme une Chambre unique peut, sous l'influence
d'un beau discours, d'un événement ou d'un fait acci-
dentel, adopter des mesures souvent contraires à l'opinion et à l'intérêt publics, il faut nous prémunir contre
tout entraînement de cette nature, et les conseils départementaux ayant les attributions que je vais indiquer ci-
après, nous fourniront les moyens de corriger les défec-
tuosités d'une Assemblée unique.

De la Chambre des Députés

Étant admis que le pouvoir législatif est dévolu à une
seule Chambre, il faut s'attacher à composer la Chambre
d'hommes aptes à connaître les besoins et l'esprit du

pays qui les nomme et pour cela il convient de rechercher un mode de nomination différant du système actuel.

Le mandat de député devra être de courte durée de manière à obliger le représentant à se tenir constamment en relations avec l'électeur et à s'inspirer de ses désirs et de ses intérêts.

Les Députés ne devront s'occuper que des affaires ayant un caractère d'intérêt général ; ils continueront à examiner et voter les lois de finances, les lois civiles et commerciales, les lois concernant l'agriculture, le service militaire, l'organisation judiciaire du pays et généralement toutes les lois de nature à maintenir l'unité nationale au point de vue gouvernemental, politique, judiciaire et militaire.

Ils exerceront leur contrôle sur les actes des Ministres sans avoir, comme maintenant, le droit d'entraver leur action autrement que par leur avis (sauf, dans le cas, bien entendu, de violation des lois constitutionnelles).

Ainsi établie, la mission de la Chambre ne pourra jamais s'étendre aux actes du pouvoir exécutif et elle jouira comme lui d'une indépendance absolue dans le cercle de ses attributions constitutionnelles.

Des Conseils Départementaux et Communaux

Les questions d'affaires concernant un ou plusieurs départements, une ou plusieurs communes, ne devront plus être désormais tranchées que par les Représentants du Peuple capables de les apprécier, c'est-à-dire par les conseillers généraux ou par les conseillers municipaux, suivant qu'il s'agira d'un intérêt départemental ou d'un intérêt communal.

Qu'un département agricole reconnaisse l'utilité par exemple d'instituer une école pratique d'agriculture et d'envoyer à l'étranger une partie de ses élèves pour y puiser les renseignements utiles à leur instruction, il ne devra plus désormais, si les ressources dont il dispose sont insuffisantes, solliciter l'autorisation des Chambres pour emprunter la somme utile à la création et à l'entretien de cette école.

Le vote du Conseil général sera souverain et les dépenses nécessitées par les créations qu'il fera seront supportées par tous les contribuables du département dans les mêmes proportions que les contributions dues à l'État votées par la Chambre des Députés.

Si une commune veut construire une école ou une église, accepter une donation à ce sujet, elle le pourra désormais sans autre autorisation que celle de son Conseil municipal.

C'est le Conseil général qui nommera et remplacera tous les fonctionnaires au service du département et c'est le Conseil municipal qui nommera et remplacera tous les fonctionnaires au service de la ville ou du village et sans l'intervention d'aucun préfet ou sous-préfet.

Les départements et les communes, comme les particuliers, géreront leurs affaires sans entrave d'aucune sorte; ils pourront librement se syndiquer, s'associer pour toute œuvre qu'ils jugeront utile soit aux besoins de leur localité, soit à ceux de leur région.

Les dépenses nécessitées par les besoins des intérêts communaux seront supportées par les habitants dans les mêmes proportions que les impôts d'État.

Chacun de nous pourra ainsi apporter librement le concours de son intelligence ou de sa fortune à la prospérité du pays affranchi de ces mesures administratives qui, sous prétexte de protéger les intéressés, découragent les meilleures volontés.

Les Conseils généraux ayant désormais des pouvoirs illimités en ce qui concerne la gestion des affaires départementales, devront aussi avoir la faculté de s'occuper des questions d'ordre économique et politique.

Vivant parmi les populations, sachant ce qui convient le mieux à leur caractère, le Conseiller général ne subit d'autre influence que celle du milieu où s'écoule son existence; c'est incontestablement le représentant populaire le mieux placé pour comprendre les désirs, les intérêts, les aspirations des électeurs et les besoins du pays.

Comment pourrait-on hésiter plus longtemps à donner au Conseiller général le droit de s'occuper des questions touchant à l'organisation politique et économique du pays, alors que la Constitution de 1875 lui a déjà donné une fonction politique en faisant de lui un électeur sénatorial.

Pourquoi hésiterait-on à accorder aux Conseils généraux le droit de donner leur avis sur tous projets de loi et d'en présenter eux-mêmes à la Chambre des Députés ?

Pourquoi ne leur conférerait-on pas le pouvoir de s'opposer à la promulgation d'une loi votée contrairement à l'opinion générale ou à l'intérêt du pays ?

Donner ces attributions aux Conseils généraux c'est assurer à la démocratie le moyen le plus certain, le plus efficace de se gouverner elle-même.

On ne peut donc refuser ces attributions aux Conseils généraux à moins de vouloir arrêter l'élan de la démocratie en annihilant ses forces.

Partant de ce principe que les Conseils départementaux sont désormais autorisés à s'occuper de toutes questions touchant à l'intérêt départemental aussi bien qu'à l'intérêt général, voyons comment ils pourront exercer les droits nouveaux que je demande en leur faveur :

Attributions législatives des Conseils départementaux Intervention du suffrage universel dans le vote des questions importantes

La majorité des Conseils généraux de France aura le droit, en le manifestant au Président de la République, de s'opposer à la promulgation d'une loi votée par la Chambre des Députés.

Les Conseils généraux pourront à cet effet se réunir librement pour discuter, examiner et étudier ensemble la loi votée.

Le droit d'association que la loi du 10 août 1871, sur

l'organisation départementale, ne permet que sous des conditions déterminées, sera donc entièrement libre ; on ne saurait en effet refuser aux Conseils généraux, pas plus d'ailleurs qu'aux citoyens, les moyens de se grouper pour apprécier les questions touchant aux intérêts qu'ils ont mission de défendre.

Les Conseils généraux se prononceront sur la question de savoir si la loi votée doit ou non être mise à exécution et ils indiqueront dans leurs délibérations les raisons qui militent en faveur du maintien de la loi ou de son rejet.

Ils seront saisis de la question soit sur l'initiative d'un de leurs membres, soit sur la demande du tiers des Députés par exemple.

Étant donné que la Chambre des Députés a voté une loi qui a rencontré même dans son sein une opposition sérieuse, la minorité de la Chambre sera en droit de s'opposer à la promulgation de cette loi avant que les Conseils généraux ne l'aient approuvée.

Si, au contraire, la Chambre a adopté une loi qui ne répond pas aux vœux du pays, les Conseils départementaux puiseront dans leurs nouveaux pouvoirs le droit d'empêcher la mise à exécution d'une loi ainsi votée.

- Supposons par exemple que la Chambre adopte une loi favorable au libre échange et que les effets de cette loi soient tels que les intérêts de l'agriculture seront fortement lésés si la loi est mise à exécution ; que se passera-t-il alors dans les régions agricoles ?

Les agriculteurs, les propriétaires de biens ruraux, les ouvriers des campagnes, en un mot tous ceux qui sont intéressés à la prospérité de la fortune agricole feront entendre leurs réclamations à leur Conseiller général, et celui-ci, s'il n'a déjà pris les devants, se faisant l'écho des plaintes de ses concitoyens, ne manquera pas d'en saisir le Conseil départemental.

Les Conseillers généraux pouvant apprécier la valeur des griefs qui leur seront présentés, se mettront immédiatement en relations avec les Conseillers généraux des régions agricoles dans le but d'entraver une loi ruineuse pour les intérêts des pays qu'ils représentent.

L'exemple que je donne ici d'une loi concernant l'agriculture s'applique également à toutes les lois pouvant préjudicier aux intérêts particuliers de l'industrie et du commerce, comme aux intérêts généraux du pays ou d'une région.

Les Conseils généraux comme les Conseils municipaux n'étant pas exempts d'erreur, il convient de donner au pays la possibilité de corriger les effets des décisions qui pourraient être prises contrairement aux désirs et aux intérêts bien compris des citoyens.

Les Conseils des départements et des communes devront avoir à cet effet la faculté, lorsque le tiers de leurs membres le demanderont, de suspendre l'exécution des mesures votées par eux avant que ces mesures n'aient été approuvées par le suffrage universel.

Dans cette situation, nous pourrons corriger les défauts et les imperfections des œuvres de nos élus, car le pays aura toujours le dernier mot dans les questions importantes.

Les Conseils départementaux étant appelés ainsi à exercer leur contrôle sur les actes de la Chambre des Députés, les fonctions de député deviendront incompatibles avec celle de Conseiller général.

L'indépendance des Conseils généraux n'en sera que mieux assurée et le pays trouvera dans l'interdiction du cumul de ces fonctions l'avantage d'initier un plus grand nombre de citoyens à la pratique des affaires publiques.

CONCLUSION

En résumé, si les esprits indépendants auxquels je m'adresse, trouvent que les réformes que je viens d'énumérer méritent un accueil favorable, nous aurons :

Un Chef d'État jouissant d'une considération et d'une autorité incontestables.

Une Chambre de Députés s'occupant exclusivement de lois d'affaires touchant à l'intérêt général du pays.

Des Conseils généraux ayant le moyen de mettre un frein aux écarts de la Chambre des Députés et d'assurer, avec le seul concours des populations, le développement de l'agriculture, du commerce, de l'industrie, des sciences et des arts.

Et enfin des Conseils municipaux pouvant plus facilement assurer la marche progressive des intérêts communaux.

La France sera alors à l'abri de la dictature d'un homme, d'un parti ou d'une assemblée, et nul ne pourra plus escalader le pouvoir, car la volonté nationale ayant le droit de se faire craindre et respecter dans la plus grande comme dans la plus petite commune française, ne se laissera pas ravir la liberté qu'elle aura enfin conquise de se gouverner à sa convenance.

Que la démocratie s'inspirant uniquement de sa force et de son intérêt réclame donc l'adoption des réformes énumérées ci-dessus et elle sera débarrassée pour toujours des politiciens d'aventure ; des hommes à vue étroite qui, méconnaissant assez son génie et ses besoins, créent chaque jour, sous prétexte d'établir son règne, un antagonisme entre les diverses classes sociales de citoyens au lieu de les rapprocher dans une commune pensée.

Que la démocratie repousse bien loin ceux qui soi-disant dans le but de consolider ses forces veulent emprunter au jacobinisme, à l'esprit de parti aussi bien qu'aux doctrines monarchistes ou bonapartistes leurs erreurs ou leurs errements.

Alors la démocratie, donnant la mesure de sa puissance, sera assez forte pour faire cesser la désunion existant entre nous.

Elle ramènera le calme et la confiance dans les esprits et elle donnera aux affaires l'impulsion qui leur fait maintenant défaut.

Réunis tous, sans exception de parti ni d'opinion, sous

l'égide de la même loi de souveraineté nationale, abri-
tés sous les plis du même drapeau, nous travaillerons
ensemble au relèvement et à la prospérité de la France.

Léopold GAULET.

Nanteuil-Notre-Dame,

    Septembre 1888.

Château Thierry. — Imp. de l'Echo.

Château-Thierry. — Imp. de l'*Echo Républicain de l'Aisne*.

_____

31

www.ingramcontent.com/pod-product-compliance
Lightning Source LLC
Chambersburg PA
CBHW060716280326
41933CB00012B/2453